BEI GRIN MACHT SICH IHR
WISSEN BEZAHLT

AF139835

- Wir veröffentlichen Ihre Hausarbeit,
  Bachelor- und Masterarbeit

- Ihr eigenes eBook und Buch -
  weltweit in allen wichtigen Shops

- Verdienen Sie an jedem Verkauf

Jetzt bei www.GRIN.com hochladen
und kostenlos publizieren

Bibliografische Information der Deutschen Nationalbibliothek:

Die Deutsche Bibliothek verzeichnet diese Publikation in der Deutschen National-
bibliografie; detaillierte bibliografische Daten sind im Internet über http://dnb.d-
nb.de/ abrufbar.

Impressum:

Copyright © 2017 GRIN Verlag, Open Publishing GmbH
Druck und Bindung: Books on Demand GmbH, Norderstedt Germany
ISBN: 9783668459564

Dieses Buch bei GRIN:

http://www.grin.com/de/e-book/367524/ambush-marketing-bei-fussballgrossereig-
nissen

Benjamin Hoffmann

Ambush Marketing bei Fußballgroßereignissen

Wie versucht Ambush Marketing während der FIFA Fußball-Weltmeisterschaft 2006 beim Zuschauer für Aufmerksamkeit zu sorgen?

GRIN Verlag

GRIN - Your knowledge has value

Der GRIN Verlag publiziert seit 1998 wissenschaftliche Arbeiten von Studenten, Hochschullehrern und anderen Akademikern als eBook und gedrucktes Buch. Die Verlagswebsite www.grin.com ist die ideale Plattform zur Veröffentlichung von Hausarbeiten, Abschlussarbeiten, wissenschaftlichen Aufsätzen, Dissertationen und Fachbüchern.

Institut für Kommunikationswissenschaft

Westfälische Wilhelms-Universität Münster

Wintersemester 2016/17

Seminar: Werbung 2.0: Markenpolitik im Werbeüberangebot des 21. Jahrhunderts

„Ambush Marketing bei Fußballgroßereignissen"

Wie versucht Ambush Marketing während der FIFA Fußball-Weltmeisterschaft 2006 beim Zuschauer für Aufmerksamkeit zu sorgen?

Münster, den 15.03.2017

vorgelegt von

Benjamin Hoffmann

3. Fachsemester

Inhaltsverzeichnis

1. Einleitung

Viele internationale, sportliche Großereignisse wie die FIFA Fußball-Weltmeisterschaft oder die Olympischen Spiele bieten eine optimale Plattform für Sponsoring zahlreicher Unternehmen, denn die Zielgruppenansprache findet für das Unternehmen in einem attraktiven sportlichen Rahmen statt. Firmen weltweit geben zusammen mehrere Milliarden Euro pro Jahr aus, um für solche Events als Sponsor auftreten zu können und um die mediale Aufmerksamkeit für Werbezwecke in eigener Sache zu nutzen, denn mehrere Millionen Menschen schauen bei solch einem Event zu. Die Veranstalter versuchen attraktive Sponsoring-Pakete zu schnüren, um eine Finanzierung des Events zu gewährleisten und grüne Zahlen zu schreiben.

Sport als thematischen Bezugspunkt greifen lange nicht mehr nur offizielle Sponsoren auf. Denn auch die sogenannten „Ambusher" versuchen durch geschickte Marketing-Maßnahmen einen Teil der weltweiten Aufmerksamkeit für sich zu gewinnen, fernab von Sponsoring-Verträgen und den damit verbundenen hohen Kosten. Erste Anfänge des Ambush Marketings lassen sich in den 1980/90er Jahren feststellen, etwa zur gleichen Zeit in der auch das offizielle Sponsoring an Fahrt aufgenommen hat. Die Kosten für offizielle Sponsorschaften bei der FIFA (=Fédération Internationale de Football Association) und beim IOC (=International Olympic Committee) für Fußball-Weltmeisterschaften bzw. die Olympischen Spiele sind in die Höhe geschossen und daher nur noch für große Firmen tragbar und rentabel. Deshalb ziehen immer mehr Unternehmen andere Kommunikationswege in Betracht. Beste Alternative: das Ambush Marketing.

Diese Hausarbeit soll kritisch beäugen, mit welchen kreativen Maßnahmen Ambush Marketing während der FIFA Fußball-Weltmeisterschaften 2006 für mehr Aufmerksamkeit gesorgt hat, welche Parallelen zum Sponsoring zu ziehen sind und welche Chancen und Risiken Ambush Marketing mit sich bringt. Zudem wird versucht, die Wirkungsweise der beiden Marketing-Maßnahmen aufzuzeigen.

Zunächst werden die Begriffe Sponsoring und Sport-Sponsoring dargestellt und anschließend erklärt, welche Ziele als Sponsor wichtig sind. Zudem werden die Anfänge von Sponsoring aufgezeigt und wie es sich mit den Jahren entwickelt hat.

Anschließend wird das Ambush Marketing als Unterkategorie des Guerilla Marketings erklärt. Die Methoden, die ein Ambusher zur Verfügung hat, werden dargestellt. Außerdem wird kurz der rechtliche Rahmen, in dem sich Ambush Marketing bewegt, aufgezeigt. Hinzu kommt die Erklärung der drei Arten des Ambush Marketings.

In einem weiteren Kapitel wird auf die Wirkungsanalyse von Sponsoring und Ambush Marketing eingegangen.

Nachdem Sponsoring und Ambush Marketing ausführlich erklärt worden sind, werden beide Maßnahmen gegenübergestellt und anhand des gewählten Beispiels – der FIFA Fußball-Weltmeisterschaft 2006 in Deutschland – die Maßnahmen der Sponsoren und die der Ambusher beispielhaft erläutert und verglichen.

Im abschließenden Fazit und Ausblick wird anhand der getätigten Aussagen erläutert, warum Ambush Marketing existiert und wie am besten damit umgegangen werden sollte.

2. Sponsoring

Im Folgenden wird die Bedeutung von Sponsoring, speziell Sport-Sponsoring aufzeigt, um zu verdeutlichen welche Aus- bzw. Einwirkungen Ambush Marketing auf den Sponsoring-Sektor haben kann. Ferner wird dargestellt, inwieweit dies den Markt verändert und ob eine negative Einstellung zum Ambush Marketing gerechtfertigt ist.

2.1 Begriffsbestimmung Sponsoring

„Der Begriff „Sponsoring" stammt aus dem Lateinischen. Sponsoring wird von dem Wort sponsor/sponsoris abgeleitet. Ins Deutsche übersetzt bedeutet dies so viel wie ,der für etwas gut sagt, der Bürge'." (Ruda/Klug 2010: 3)

Die ersten Vorgänger von Sponsoring gab es bereits als Mäzenatentum ca. 70 vor Christus im römischen Reich. Damals wurden Kultur und Gemeinwesen aus uneigennützigem Zweck unterstützt. Solch ein Mäzenatentum ist heute als eine gemeinnützige Stiftung, die nicht gewinnorientiert handelt, wiederzufinden. Sie verfolgt rein soziale Aufgaben und ist fast ausschließlich auf Spenden angewiesen (vgl. Sachse 2010: 11). Das Sponsoring, so wie wir es heute kennen, gibt es erst seit ca. 1960. Damals noch unter dem Begriff der „Schleichwerbung" bekannt, wurden Werbeschriften in Filmen oder Sportübertragungen gezielt platziert. Dadurch wurde versucht, die Markenbekanntheit zu steigern und das Kaufverhalten der Konsumenten zu beeinflussen (vgl. Ruda/Klug 2010: 4). Beim Sponsoring verfolgt das Unternehmen meist kommerzielle Interessen, im Austausch von finanziellen Mitteln für den Gesponserten. Diese Wechselbeziehung nennt man Sponsorship (vgl. Freyer/Nufer 2013: 265).

Es wichtig zu erwähnen, dass Sponsoring zu den nicht-klassischen Formen der Marketing-Kommunikationspolitik zählt und Menschen in nicht-kommerziellen Situationen ansprechen will. Dadurch können Zielgruppen angesprochen werden, die durch klassische Kommunikationsinstrumente, wie z.B. die TV-Werbung, nicht erreicht werden können (vgl. Bühler/Nufer 2013: 264).

Eine der am häufigsten zitierten Sponsoring-Definitionen geht auf Bruhn zurück, der von einer eindeutigen Abgrenzung gegenüber Altruismus und Mäzenatentum folgende Definition aufgestellt hat:

„Sponsoring bedeutet die Analyse, Planung, Durchführung und Kontrolle sämtlicher Aktivitäten, die mit der Bereitstellung von Geld, Sachmitteln, Dienstleistungen oder Know-how durch Unternehmen und Institutionen zur Förderung von Personen und/oder Organisationen in den Bereichen Sport, Kultur, Soziales, Umwelt und/oder den Medien verbunden sind, um damit gleichzeitig Ziele der Unternehmens- und Marketingkommunikation zu erreichen." (Bruhn 2016, zit. nach Bruhn 2010: S. 6f.)

2.2 Ziele des Sponsorings

Die Ziele des Sponsorings lassen sich in ökonomische und psychologische Ziele unterscheiden. Als ökonomische Ziele werden Gewinn- und Umsatzsteigerung sowie die Erhöhung des Marktanteils genannt. Diese Ziele sind mess- und quantifizierbar (vgl. Bühler/Nufer 2013: 266). Die ökonomischen Ziele sind nur „über vorgelagerte psychologische Größen realisierbar, die beim Sponsoring die höchste Bedeutung haben." (Sachse 2010: 14)

Die psychologischen Ziele sind breit gefächert und umfassen in der Regel die Aktualisierung und Stabilisierung der Markenbekanntheit, den Aufbau und die Verbesserung des Marken-Images, die Schaffung attraktiver Möglichkeiten der Kontaktpflege mit Kunden, die Schaffung von Goodwill und gesellschaftlicher Verantwortung sowie der Verbesserung der Mitarbeiteridentifikation und Mitarbeitermotivation im Unternehmen (vgl. Bühler/Nufer 2013: 266; Bruhn 2016: 236).

3. Sport-Sponsoring

Aus der Definition von Bruhn ersichtlich, existieren verschiedene Arten von Sponsoring. Von Sport-, Kultur-, Sozial-, Umwelt- und Mediensponsoring ist die Rede. Zudem wird noch Wirtschaftssponsoring dazugezählt (vgl. Schauerte 2007: 111). Im Rahmen des Sport-Sponsorings wird zwischen dem Sponsoring von Einzelsportlern, Sportmannschaften oder Sportveranstaltungen unterschieden. Da sich das Hausarbeitsthema auf Fußballgroßereignisse bezieht, wird im Folgenden auf das Sport-Sponsoring bei der Fußball-Weltmeisterschaft 2006 eingegangen. Dabei wird im Detail das Sport-Sponsoring erläutert und dessen Bedeutung und Ziele herausgearbeitet, um sie dann in Verbindung mit dem Ambush Marketing zu setzen.

3.1 Begriffsbestimmung und Geschichte des Sport-Sponsorings

Die Anfänge des Sport-Sponsorings macht die Bandenwerbung, so wie wir sie heute bei allen Großveranstaltungen und Sportevents kennen. Sie wurden erstmals bei den Ruderweltmeisterschaften 1966 im damaligen Jugoslawien eingesetzt. In den 70er Jahren hat sich dann zur Bandenwerbung das Trikotsponsoring gesellt. In Deutschland gab es solch einen Trikotsponsor erstmals 1972 bei Fußballverein Eintracht Braunschweig mit dem alkoholischen Getränkeproduzenten „Jägermeister" (vgl. Ruda/Klug 2010: 4).

Das professionelle Sport-Sponsoring begann in Deutschland in den 80er Jahren. Schon damals wurden umfassende Sponsoring-Konzepte erstellt, die eine klare Zielsetzung der Unternehmen verfolgten. Allerdings wurden zu der Zeit die Sponsoring-Ziele noch nicht mit den anderen Kommunikationsabteilungen, wie der Werbung und der PR, abgesprochen und noch getrennt voneinander durchgeführt (vgl. ebd.). Zu der Banden- und Trikotwerbung kamen mit der Zeit weitere Formen des Sponsorings hinzu, wie Ausrüsterwerbung, Stadionwerbung und Namen-Sponsoring. Zu Namen-Sponsoring zählt u.a. die Benennung von Stadien. Bestes Beispiel hierfür ist die Allianzarena des FC Bayern München.

Die hohe Anziehungskraft internationaler Sportgroßveranstaltungen in der Öffentlichkeit blieb mit der Zeit insbesondere international agierenden Unternehmen nicht verborgen (vgl. Risch-Kerst 2016: 2). Sport-Sponsoring besteht, wie alle anderen Sponsoring-Formen, aus Sponsor und Gesponserten. Allerdings kommen bei dem sogenannten Sponsorship neben diesen beiden Parteien auch die Medien als wichtige dritte Partei hinzu (vgl. Ruda/Klug 2010: 16). Denn ohne die Einschaltquoten der Fernsehzuschauer bzw. die Besucher vor Ort verliert das Event seine Reichweite. Das wiederum führt zu kostengünstigeren Sponsoren-Paketen und somit zu sinkenden Einnahmen. Das bedeutet, dass durch die mediale Aufmerksamkeit und die Besucherzahlen die Preise der Sponsoren-Pakete bestimmt werden. Je größer das Event ist, desto höher sind die Preise für Sponsoring-Pakete. Anders herum sind große Sportereignisse wie eben die FIFA Weltmeisterschaft oder die Olympischen Spiele ohne Sponsoren nicht mehr zu finanzieren (vgl. ebd.).

3.2 Ziele des Sport-Sponsorings

Wie bereits beschrieben sind die Gründe Sport-Sponsoring als Marketingstrategie für ein Unternehmen zu wählen die hohe Reichweite, die Affinität zum Sport und die Zielgruppenreichweite. Stimmen alle Faktoren mit dem Unternehmen und dem zu sponserten Event überein, so kann Sponsoring im Sportbereich umgesetzt werden (vgl. Ruda/Klug 2010: 18). Ziel des Sport-Sponsorings ist es, aufgrund der hohen Medienwirksamkeit bestimmter Sportarten wie etwa Fußball, den Bekanntheitsgrad eines Unternehmens zu erhöhen und bestimmte Imagedimensionen des Sports wie „Dynamik" oder „Technikorientierung" auf das Unternehmensimage zu übertragen (vgl. Bruhn 2016: 237).

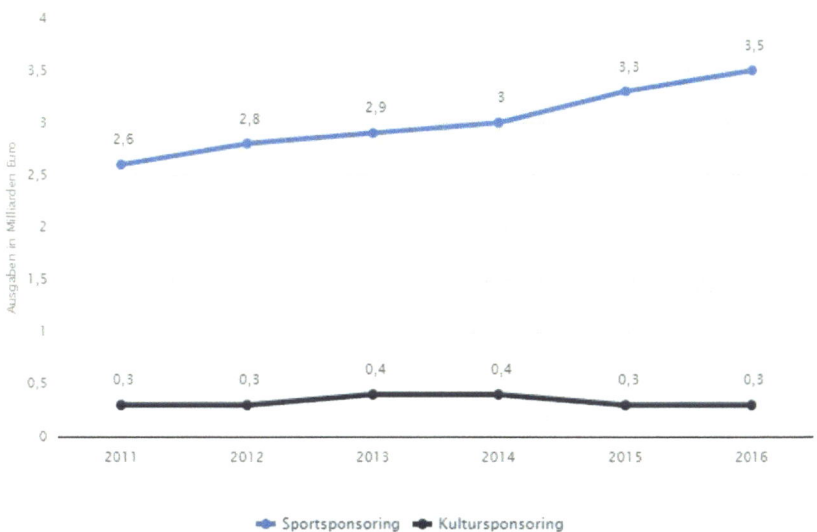

Abbildung 1 (Quelle: https://de.statista.com/statistik/daten/studie/167709/umfrage/ausgaben-fuer-sponsoring-in-sport-und-kultur/)

Wie aus der Abbildung 1 hervorgeht, ist der Sport-Sponsoring-Sektor einer der lukrativsten Sponsoring-Bereiche. Alleine im Jahr 2014 wurden in Deutschland 3 Milliarden Euro für Sport-Sponsoring ausgegeben. Tendenzen für das Jahr 2015 und 2016 prognostizieren sogar einen weiteren Anstieg der Summe auf bis zu 3,5 Milliarden Euro pro Jahr. Zum Vergleich: die Sponsoring-Ausgaben im Jahr 2014 des Kultursektors lagen bei nur 400 Millionen Euro. Vergleicht man diese steigenden Werte mit den Investitionen der Unternehmen in anderen Werbekanälen wie Print- oder TV-Werbung, lässt sich erkennen, dass die Ausgaben eher rückläufig sind, die Ausgaben von Sport-Sponsoring hingegen stetig steigen bzw. sich auf einem konstant hohen Niveau bewegen (vgl. Ruda/Klug 2010: 17).

4. Guerilla Marketing

Ambush Marketing lässt sich in die Kategorie des offline Guerilla-Marketings einordnen und wird im Folgenden kurz erläutert.

Guerilla-Marketing ist ein Marketingansatz, der auf unkonventionellen Methoden beruht und den Konsumenten überrascht. Durch die damit einhergehende Aufmerksamkeit ist Guerilla-Marketing besonders effizient. Sie soll zudem (nach der Philosophie von Jay Conrad

Levinson, dem Herausgeber des Guerilla Marketing Handbuchs) als Marketingmaßnahme der Kleinunternehmen dienen, um mit geringem finanziellem Aufwand gegen die großen Unternehmen bestehen zu können (vgl. Ruda/Klug 2010: 171). Zudem werden unter Guerilla Marketing unkonventionelle Vorgehensweisen verstanden, die auch als „Marketing für Querdenker" gelten (vgl. ebd.).

5. Ambush Marketing

Um Ambush Marketing wird es sich im Folgenden Kapitel drehen. Es werden Vergleiche zum Sponsoring gezogen und Reibungspunkte aufgezeigt, die immer wieder zwischen Sponsoren und Ambushern auftreten können.

5.1 Begriffsbestimmung Ambush Marketing

„Unter Ambush Marketing werden Trittbrettfahrer-Marketing-Aktivitäten verstanden, die das Ziel verfolgen, die Aufmerksamkeit der Medien von einem Großereignis für das eigene Unternehmen auszunutzen." (Ruda/Klug 2010: 171) Wörtlich übersetzt bedeutet „Ambush" so viel wie Hinterhalt oder „aus dem Hinterhalt überfallen (eng. to ambush) (vgl. Bühler/Nufer 2013: 446).

In den letzten Jahren hat sich eine vermehrt strategische Vorgehensweise entwickelt, indem Unternehmen sich mehr um den Teil der Aufmerksamkeit und des Medieninteresses der Großveranstaltung bemühen, als direkte Konkurrenten zu schwächen. So wurde aus der passiven Abwehrmaßnahme eine vollwertige Kommunikationsmaßnahme mit eigenen Zielen und Erwartungen (vgl. Eschenbach 2011: 13).

Viele der Begriffsdefinitionen sind negativ belastet und gehen oft davon aus, dass alle Ambush Maßnahmen rechtlich verboten sind. Gerd Nufer versucht die Definition etwas neutraler zu verfassen:

> „Ambush Marketing ist eine Vorgehensweise von Unternehmen, die keine legalisierten oder lediglich unterprivilegierte Vermarktungsrechte an einer gesponserten Veranstaltung besitzen, aber trotzdem dem direkten und indirekten Publikum durch ihre Kommunikationsmaßnahmen eine autorisierte Verbindung zu diesem Event signalisieren." (Ruda/Klug 2010, zit. n. Nufer 2005: 211)

Da sich diese Hausarbeit mit den Auswirkungen von Ambush Marketing und den Vor- und Nachteilen von Ambush Marketing befasst, wird die Definition von Gerd Nufer als Arbeitsdefinition genommen. Dies liegt darin begründet, dass sie dem Ambush Marketing von allen Definitionen am neutralsten gegenübersteht.

5.2 Ursachen und Ziele des Ambush Marketing

Nachdem bereits Sponsoring und Ambush Marketing dargestellt worden sind, ist es für den weiteren Verlauf der Arbeit von Wichtigkeit, die Ursachen und Ziele anzusprechen, die Unternehmen mit einer Ambush Marketing-Strategie verfolgen. Hierbei lässt sich feststellen, dass die Ziele des Ambush Marketings sehr denen des Sponsorings ähneln und oft nur durch die finanziellen Mittel unterschieden werden können. In einem weiteren Kapitel wird aufgezeigt, welche Konsequenzen Ambush Marketing für Sponsoren, Veranstalter, Medien und Rezipienten haben kann.

Ein Hauptgrund der gestiegenen Ambush Marketing Maßnahmen von Unternehmen lässt sich auf die gestiegenen Preise der Sponsoring-Pakete von Sport-Großveranstaltungen zurückführen, sodass sich nur noch wenige, meist große Konzerne dieses Sponsorship leisten können. Zudem wird diese Entwicklung durch den Anstieg der Gebühren für die Übertragungsrechte verstärkt (vgl. Bühler/Nufer 2013: 449). Außerdem werden immer mehr langfristige Sponsoren-Verträge unterschrieben, die Sponsoren-Absichten von kleineren Unternehmen in den Hintergrund rücken lassen. Dadurch wird es immer schwieriger für Unternehmen, mit kleinerem Budget im Sponsoring der FIFA Fußball-Weltmeisterschaften Fuß zu fassen (vgl. Ruda/Klug 2010: 180).

Zusätzlich besitzt die FIFA eine sogenannte Branchenexklusivität in ihrem Reglement, damit aus jeder Branche jeweils nur ein Sponsor das Event unterstützen darf. Zum Beispiel besitzt adidas seit mehreren Jahren als Sportmarke Exklusivrechte bei Weltmeisterschaften. Puma, Nike oder andere Sportausrüster bleibt demnach nur die Rolle der Zuschauer oder sie übernehmen den Part der Ambusher.

Eine weitere Ursache für den Anstieg von Ambush Marketing ist der insgesamt gestiegene Konkurrenzkampf im Bereich Sponsoring. Da die Plätze für offizielle Sponsoren schnell ausgebucht sind oder eben noch langfristig an andere Sponsoren vergeben, schauen sich Unternehmen nach Alternativen um.

Bei der Planung von Ambush Marketing Zielen müssen sich die Ziele aus den übergeordneten Unternehmen- und Kommunikationszielen ableiten lassen (vgl. Eschenbach 2011: 24). „Zusätzlich wird die Zielfindung sowohl von der Ausgangssituation als auch von der Zielgruppe beeinflusst." (Eschenbach 2011: 25) Um die Zielgruppe zu erreichen und um die Ambush Strategie zu wählen, muss vorher festgelegt werden, welcher Zielinhalt auf welche Zielpersonen, in welchem Zeitraum herbeigeführt werden sollen. „Nur in diesem Fall bilden die formulierten Ziele die Grundlage für eine spätere Kontrolle der gewählten Strategie." (Eschenbach 2011: 25) Zudem arbeiteten Zanger und Drenger mehrere Merkmale heraus, die den Ambusher auszeichnen. Das Unternehmen soll bewusst oder unbewusst mit dem Event in Verbindung gebracht werden, obwohl es kein offizieller Sponsor ist. Zum anderen stammen die Ambusher und Sponsoren des Events meist aus der gleiche Branchen, bzw. haben Konkurrenten, die als Sponsoren beim Event auftreten. Des Weiteren verfolgen Ambusher eine Steigerung der Aufmerksamkeit und eine bewusste Irreführungsabsicht, sodass die Zuschauer den Unterschied von Sponsoren und Ambushern nicht mehr erkennen. Die Hemmung der Sponsoring-Maßnahmen der Konkurrenten steht im Fokus der Aktivitäten (vgl. Ruda/Klug 2010: 173).

6. Erscheinungsformen des Ambush Marketing

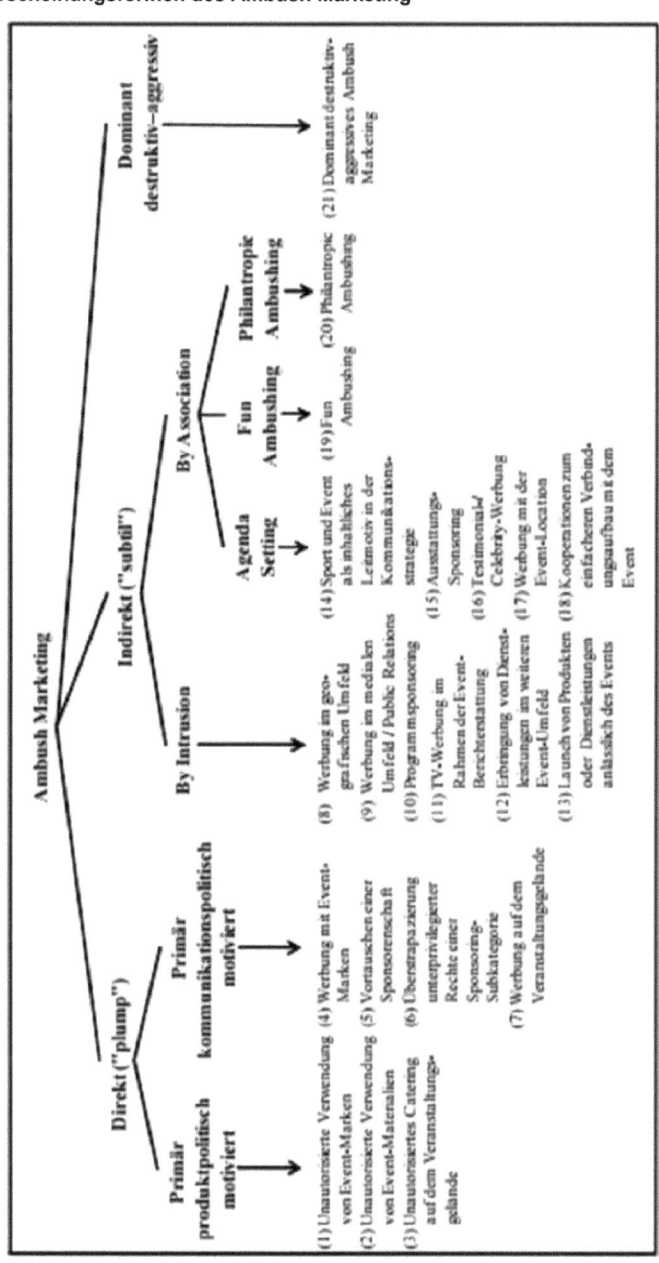

Abbildung 2 (Quelle: Nufer 2010: 54)

Manchmal ist es schwer zu erkennen, um welche Ambush Marketing-Strategie es sich handelt, denn einige der Ambush Aktionen weisen mehrere Eigenschaften auf, die nicht genau zugeordnet werden können und eine Mischform der Formen bilden (vgl. Bühler/Nufer 2013: 460). Trotzdem lassen drei verschiedene Erscheinungsformen systematisieren: direktes, indirektes und dominant destruktives Ambush Marketing.

6.1 Direktes Ambush Marketing

Beim direkten Ambush Marketing, umgangssprachlich auch „plumpes Marketing" genannt, unterscheidet man zwischen „primär produktpolitisch motivierten Maßnahmen" und „primär kommunikationspolitisch motivierten Maßnahmen" (siehe Abb. 2).

Zu den produktpolitisch motovierten Maßnahmen zählt beispielsweise die Verwendung von Kennzeichen und Motiven von Veranstaltungen (z.B. die Nutzung des offiziellen Logos der FIFA Fußball-Weltmeisterschaft 2006). Sie bewegen sich häufig in einer rechtlichen Grauzone, da die Marke meistens urheberrechtlich geschützt ist und die Verwendung alleine dem Veranstalter selbst und den offiziellen Sponsoren obliegt (vgl. Ruda/Klug 2010: 178). Die Verwendung der Kennzeichen ist meist auch ein zentraler Bestandteil eines Sponsorship, da mit den Logos und Schriftzügen geworben werden kann und ein direkter Bezug zum Event entsteht. Ambusher könnten diese Kennzeichen für eigene Werbung oder Merchandising-Artikel missbrauchen (vgl. ebd.).

Unter nicht-autorisierter Verwendung von Bild- und Filmmaterial fallen beispielsweise eigene Public-Viewing-Veranstaltungen während der Weltmeisterschaft, wie sie auch 2006 in Deutschland stattgefunden haben. Auch die Verwendung von Spielergebnissen ohne vorherige Lizenzsicherung fällt darunter (vgl. Ruda/Klug 2010: 179). Hierbei erhoffen sich die Ambusher höhere Besucherzahlen auf ihren Webseiten oder in Restaurants und Lokalen.

Unter primär kommunikationspolitisch motivierten Maßnahmen zählt das vortäuschen selbst ein offizieller Sponsor zu sein, da es auf steigenden Umsatz und die Verbesserung des Markenimages zielt. Hierbei gilt es zu erwähnen, dass die Aufklärung, ob es sich um einen offiziellen Sponsor oder um einen Ambusher handelt, alleine dem Zuschauer überlassen wird und dadurch eine Verwirrung hervorgerufen wird, wer Sponsor und wer Ambusher ist (vgl. ebd.).

6.2 Indirektes Ambush Marketing

Beim indirekten Ambush Marketing (auch subtiles Ambush Marketing genannt) unterscheidet Nufer in seiner Grafik zwischen „Ambush-Marketing-by-Intrusion" (Nutzen der Gelegenheit) und „Ambush-Marketing-by-Association" (Positionierung durch Aktualität) (vgl. Bühler/Nufer 2013: 453).

Beim Ambush-Marketing-by-Intrusion wird das geografische Umfeld einer Sportveranstaltung genutzt, um eigene Werbung und Präsentationen der Marke durchzuführen. Auch wird hier das Mediale Umfeld des Events genutzt um Aufmerksamkeit zu generieren. Ein „Nutzen der Gelegenheit" wird beim Ambush-Marketing-by-Intrusion charakterisiert (vgl. Bühler/Nufer 2013: 453).

Beim Ambush-Marketing-by-Association wird ein Sportevent als Anlass und Leitidee für die eigene Kommunikationsstrategie genutzt. Hier wird bereits vor einem großen Event mit Hinweisen auf die Veranstaltung gearbeitet. Zum Beispiel hat die Elektromarktkette Media Markt zur Fußball-Weltmeisterschaft 2006 bereits ein Jahr zuvor eine Kampagnenphase unter dem Slogan „Wir werden Weltmeister" gestartet. Während der Weltmeisterschaft wurde dieser Slogan durch „bester Fan-ausrüster" ersetzt und die Maßnahme wurde vom Empfänger unmissverständlich in Bezug zur Weltmeisterschaft gebracht (vgl. Bühler/Nufer 2013: 458).

Unter Ambush-Marketing-by-Association zählen zudem Ausstattungs-Sponsoring, Testimonial-Werbung, Werbung mit der Eventlocation und auch Kooperationen zum einfacheren Verbindungsaufbau zu dem Event. Diese Kooperationen ermöglichen auch sportfernen Branchen einen Einstieg in das Sponsoring einer Sportveranstaltung. Diese Kooperation findet sich nicht nur im Ambush Marketing, sondern auch beim offiziellen Sponsoring (vgl. Bühler/Nufer 2013: 459).

Weitere Aktivitäten, die zum indirekten Ambush Marketing zählen, sind das Fun Ambushing und das Philantropic-Ambushing. Beim Fun Ambushing soll Aufmerksamkeit nicht durch Agenda Setting erzielt werden. Stattdessen soll auf eine witzige Art und Weise eine Assoziation mit einem Event hergestellt werden (vgl. Bühler/Nufer 2013: 459). Unter Philantropic Ambushing versteht man das uneigennützige Bestreben von Unternehmen einer guten Sache zu dienen. Dies wurde vermehrt den offiziellen Sponsoren zugeschrieben, findet aber auch bei inoffiziellen Sponsoren Anklang und kann als nicht-ökonomisch-orientierte Werbemaßnahme verstanden werden Diese Form des Ambush Marketings ist im Sportbereich kaum zu finden (vgl. Bühler/Nufer 2013: 459f.).

Generell gilt beim indirekten Ambush Marketing, dass die Produktpalette eines Unternehmens nicht durch Merchandising-Artikel erweitert wird, sondern lediglich bereits bestehenden Produkte oder Dienstleistungen in Verbindung mit dem Event gebracht werden (vgl. Ruda/Klug 2010: 179).

Ein Vorteil des indirekten Ambush Marketings ist für die Ambusher selbst, dass sie durch kommunikative Maßnahmen den Rahmen einer Veranstaltung für Eigenwerbung nutzen und sich, anders als beim direkten Ambush Marketing, meist nicht in einer rechtlichen Problemzone bewegen.

6.3 Dominant destruktive Ambush Marketing

Eine weitere Art des Ambush Marketings, das weder zum direkten, noch zum indirekten Ambush Marketing gehört, ist das dominant destruktive Ambush Marketing (vgl. Bühler/Nufer 2013: 460). Hiervon ist die Rede, wenn es um direkte Angriffe auf offizielle Sponsoren eines Events geht. Werden Sponsoren also blockiert oder bewusst der Wahrnehmung des Publikums entzogen, etwa wenn Werbeflächen der Sponsoren verdeckt werden, um dem eigenen Logo Werbefläche zu bieten, spricht man vom dominant destruktiven Ambush Marketing (vgl. ebd.).

7. Konsequenzen des Ambush Marketing beim Sport-Sponsoring

Im folgenden Kapitel soll aufgezeigt werden, welche Konsequenzen das Ambush Marketing auf Sponsoren, Veranstalter, Medien und Rezipienten haben kann.

Wer als offizieller Sponsor einer Großveranstaltung auftreten will, möchte in der Regel die größte Reichweite seiner Sponsoring-Maßnahmen erreichen. Das Vermarktungspotential soll komplett ausgeschöpft werden, denn, wie bereits bekannt, wird ein Sponsorship für solche Veranstaltung immer teurer. Existieren zu solchen Großveranstaltungen aber Ambush Marketing Maßnahmen anderer Firmen aus dem gleichen Geschäftsfeld, so sinkt das Vermarktungspotential erheblich. Ein Sponsorship ist also kein Alleinstellungsmerkmal mehr und andere Firmen werden, mit deutlich geringeren Budget, ebenfalls von den Rezipienten als Sponsor angesehen. Die erhoffte Steigerung der Kaufkraft des Konsumenten fällt also durch die entstandene Konkurrenz geringer aus als erwartet. Auch die Imageverbesserung und die Bekanntheitsgradsteigerung kann durch Ambusher geringer ausfallen. Insgesamt lässt sich für die Sponsoren sagen, dass die Konkurrenz durch die Ambusher ein Werteverlust ihres Sponsorship zur Folge hat (vgl. Bühler/Nufer 2013: 461).

Die dadurch sinkende Zahlungsbereitschaft wirkt sich direkt auf den Veranstalter aus. Da die Veranstalter auf die Sponsoring-Einnahmen heutzutage angewiesen sind, um ein Event finanziell stemmen zu können, wird versucht, das Ambush Marketing so gut es geht mit rechtlichen Schritten einzudämmen, um weiterhin die Exklusivität der Sponsoren gewährleisten zu können. Sollten diese Maßnahmen nicht wirken, muss man mit einem Preisverfall der Sponsoren-Pakete rechnen. Auch ein Ausstieg von Sponsoren wäre denkbar (vgl. Bühler/Nufer 2013: 460f.). Als Maßnahme gegen das Ambush Marketing versucht die FIFA durch ein Look-Book für Sponsoren den Wiedererkennungswert des Events und der dazugehörigen Sponsoren zu erhöhen und ein geschlossenes und einheitliches Auftreten zu gewährleisten (vgl. Ruda/Klug 2010: 190f.).

Für die Rezipienten stellt das Ambush Marketing in erster Linie keine weitreichenden Konsequenzen dar, da sie meistens nicht zwischen Ambushern und Sponsoren unterscheiden können. Die Wirkungsweise der Ambusher und Sponsoren auf den Rezipienten werden im folgenden Kapitel kurz erläutert.

8. Die Wirkung von Ambush Marketing und Sponsoring im Vergleich

Die Wirkung von Ambush Marketing wurde bis heute überwiegend im angloamerikanischen Raum erforscht. Meist waren der Forschungsgegenstand die Olympischen Spiele. Hier sind die Ergebnisse zum Ambush Marketing sehr unterschiedlich ausgefallen. In einigen Untersuchungen wurde festgestellt, dass offizielle Sponsoren gegenüber den Ambushern bevorzugt wahrgenommen werden (vgl. Bühler/Nufer 2013: 450). Der Untersuchungsgegenstand von Shani und Sandler waren die Olympischen Sommerspiele 1996. Zu ihren Ergebnissen zählt, dass eine starke indifferente Einstellung der Rezipienten gegenüber Sponsoring und Ambushern existiert, was bedeutet, dass es dem Rezipienten egal ist, um wen es sich handelt, was einen Vorteil für das Ambush Marketing bedeuten würde (vgl. Bühler/Nufer 2013: 451). Lyberger und McCarthy gehen sogar davon aus, dass die Ambusher besser wahrgenommen werden als die Sponsoren. Ihr Untersuchungsgegenstand war der Super Bowl 1998 (vgl. ebd.) Zanger und Drengner hingegen haben bei der Untersuchung der Fußball-Europameisterschaft 2004 und den Olympischen Sommerspiele festgestellt, dass Ambusher pro Produkt-Kategorie schlechter wahrgenommen werden als offizielle Sponsoren (vgl. ebd.).

Eine Studie von Gerd Nufer beschäftigt sich mit der Wirkung von Ambush Marketing während der Weltmeisterschaft 2006. In seiner Studie hat er die Sympathiewerte von offiziellen Sponsoren, Dummies (=Unternehmen, die nur das Thema Fußball in ihrem Marketing verwenden und sich nicht direkt auf die Fußball-Weltmeisterschaft beziehen) und Ambushern, vor, während und nach der Weltmeisterschaft gemessen. Er hat 2.109 Personen im Alter zwischen 13 und 18 Jahren befragt. Bei den Teilnehmern wurde darauf geachtet, dass es ein Ausgleich bei Alter, Geschlecht und Schulbildung existiert (vgl. Trosien 2012: 29). Durch die Expertengruppe, die die Fußball-Weltmeisterschaft im Fernsehen verfolgten und der Kontrollgruppe, welche die Weltmeisterschaft nicht geschaut haben, kann man die Wirkung von Sponsoring und Ambush Marketing genauer vergleichen. Ob Ambusher oder Sponsor, auch hier fiel das Ergebnis sehr unterschiedlich aus. So verbesserten sich beispielsweise die Werte von Coca-Cola (Sponsor) und Pepsi (Dummie) deutlich. Hingegen haben sich die Sympathiewerte von adidas (Sponsor) bei der

Kontrollgruppe und der Expertengruppe im Laufe der Weltmeisterschaft verschlechtert, beim direkten Konkurrenten und Ambusher Nike hingegen sind die Werte fast gleichgeblieben (vgl. Trosien 2012: 31). Ein eindeutiges Ergebnis ist auch hier nicht festzustellen.

9. Sponsoring Maßnahme und Ambush Marketing Maßnahmen während der Weltmeisterschaft 2006

In den letzten Kapiteln werden die Gemeinsamkeiten und Unterschiede von Ambush Marketing aufgezeigt. Die Wirkungsweisen und Möglichkeiten von Ambush Marketing wurden bereits dargestellt und die Chancen und Risiken aufgezeigt. Um diesen Vergleich, angelehnt an die Fragestellung der Hausarbeit noch zu verdeutlichen, wurde als Veranschaulichungsbeispiel die FIFA Fußball-Weltmeisterschaft 2006 in Deutschland gewählt. Hier soll zum einen aufgezeigt werden, welche kreativen Kommunikationsmaßnahmen Ambushern einfallen, um die Aufmerksamkeit der Zuschauer von solch einem Event auf sich zu ziehen. Zum anderen wird aufgezeigt, welche Maßnahmen die offiziellen Sponsoren gewählt haben.

Die deutsche Sportmarke adidas, erhielt als einer der offiziellen Sponsoren der FIFA Weltmeisterschaft 2006 weltweite Exklusivrechte und durfte weltweit Produkte mit der Weltmeisterschaft in Verbindung bringen. Zudem bekam adidas Vorverkaufsrechte für Fernsehwerbung, Plakate und Bandenwerbung im Stadion. Auch Gewinnspiele mit Eintrittskarten waren Bestandteil des Sponsorship (vgl. Ruda/Klug 2010: 91). Außerdem war adidas als offizieller Ausstatter der Weltmeisterschaft für die Ausstattung von Schiedsrichtern und ca. 14.000 freiwilligen Mitarbeitern zuständig. Daneben wurden sechs Nationalmannschaften mit Produkten von adidas ausgestattet, darunter auch die deutsche Nationalmannschaft (vgl. Ruda/Klug 2010: 96). Die Werbekampagne von adidas „+10" startete Ende 2005 und war eine weltweit aktive Marketingstrategie. Im Vordergrund stand der Teamgeist der deutschen Nationalmannschaft. Sowohl durch Werbespots, als auch als Printanzeigen und Outdoor-Events wurde die Kampagne verbreitet (vgl. ebd.).

Das Ziel von adidas für die Kampagne vor und während der Weltmeisterschaft war, wie bei jedem Sponsoring, die Steigerung des Marktanteils auf nationaler und internationaler Ebene, um auf den Hauptkonkurrent Nike wieder Boden gut zu machen. Bei einer unabhängigen Marktuntersuchung Ende 2007 wurde dieses Ziel bestätigt und sogar noch übertroffen (vgl. Ruda/Klug 2010: 97). Durch die bei der FIFA Fußball-Weltmeisterschaft üblichen Branchenexklusivität sicherte sich   adidas als alleiniger Sponsor im Sportsegment große Aufmerksamkeit, die sich auch mit einem Jahresumsatz von 1,2 Milliarden Euro im Jahr 2006 in Deutschland bemerkbar machte (vgl. ebd.).

Aber durch geschickte Ambush Marketing Maßnahmen der Konkurrenten Nike und Puma hatte adidas bei der Weltmeisterschaft 2006 Branchenkonkurrenz im direkten Umfeld. Puma warb während der Weltmeisterschaft 2006 als Trikotsponsor auf 12 Nationaltrikots, darunter auch das der italienischen Nationalmannschaft und späterem Weltmeister (vgl. Ruda/Klug 2010: 176). Auch brachte Puma „am Fuhrpark von Velotaxi in Berlin das Markenlogo an. Die Taxen hielten sich stets in der Nähe des Berliner Olympiastadions auf. So konnte Puma trotz des Werbeverbots in der so genannten Werbemeile der FIFA im nahen Umfeld des Olympiastadions werben." (Ruda/Klug 2010: 188) Nike war ebenfalls Trikotsponsor von mehreren Nationalmannschaften. Mit Puma zusammen statteten sie insgesamt 20 Nationalmannschaften aus, wohingegen das Logo von adidas nur auf sechs Trikots vertreten war.

Ein weiteres bekanntes Beispiel von Ambush Marketing während der FIFA Weltmeisterschaft 2006 ist die Firma Bavaria. Bavaria, ein niederländisches Brauereiunternehmen hat während der Spiele der niederländischen Nationalmannschaft 250.000 Lederhosen in der Landesfarbe Orange mit einem Bavaria Logo an den Austragungsorten der Spiele und online verkauft. Ziel dieser Marketing-Strategie war es, dass die Fans der niederländischen Nationalmannschaft, die Hosen kaufen, während der Weltmeisterschaft und der Spiele anziehen und als Werbeträger im Stadion sowie im Übertragungsfernsehen zu sehen sind. Durch das Durchgreifen der FIFA gegen solche Ambush Maßnahmen mussten einige tausend Fans die Hose vor dem Stadion ausziehen, ansonsten wäre ihnen der Einlass verweigert worden. Die eigens für Ambush Marketing gegründete Task Force der FIFA, hat nach eigenen Angaben vor und während der Weltmeisterschaft 2006 1.700 Fälle von Ambush Marketing in über 80 Länder aufgedeckt (vgl. Ruda/Klug 2010: 190f.). Trotzdem erreichte das Unternehmen durch seine Aktion ein medienwirksames Echo, sodass der Ambusher doch sein gewünschtes Ziel, nämlich Aufmerksamkeit, erreicht hat (vgl. Ruda/Klug 2010: 189). Auch 2010 schlug die Brauerei Bavaria wieder mit Ambush Marketing zu. Während des Gruppenspiels Niederlande gegen Dänemark bei der FIFA Fußball-Weltmeisterschaft 2010 in Südafrika, saßen 36 junge Frauen im orangenfarbenen Minikleid in der ersten Reihe. Auch hier ging die FIFA gegen an und verwies die Frauen des Stadions. Erst durch die Aktion der FIFA und dem anschließenden medialen Hype wurde es als Ambush Marketing Aktion aufgedeckt. Für die Zuschauer war es vorher nicht ersichtlich, dass es sich um eine clevere Marketingstrategie handelt, da die orangenen Kleider den Trikots der Nationalmannschaft glichen. Aber auch hier wurde durch die mediale Aufmerksamkeit das Ziel des Ambush Marketings erreicht (vgl. Nufer 2014).

10. Fazit und Ausblick

Nachdem diese Hausarbeit die Arten von Sponsoring und Ambush Marketing aufgezeigt sowie verglichen und verdeutlicht hat, wie Ambusher während der FIFA Fußball-Weltmeisterschaft 2006 anhand von Beispielen vorgehen, lässt sich festhalten, dass das Hase-Igel-Rennen zwischen Ambushern, Sponsoren und Gesponserten es erst zu einem funktionierenden Wettbewerb machen kann (vgl. Trosien 2012: 51).

Einerseits bietet Ambush Marketing Unternehmen die Möglichkeit, medialen Aufmerksamkeit zu erlangen. Andererseits erwarten Sponsoren, die für Exklusivrechte am Event viel Geld bezahlen, ein gewisses Alleinstellungsmerkmal, um sich von der Konkurrenz abzusetzen. Dass Ambusher durch vergleichsweise geringe Kosten dann eine höhere mediale Aufmerksamkeit erlangen, ist aus Sicht der Sponsoren nicht fair. Aus der Sicht der Gesponserten stellt Ambush Marketing eine Bedrohung dar, die unterbunden werden muss. Wie anhand des Beispiels der Brauerei Bavaria aber zu erkennen ist, sind Maßnahmen und Konsequenzen zur Regulierung von Ambush Marketing teilweise sogar kontraproduktiv und führen zu einer größeren Aufmerksamkeit als vorher.

Das Instrument des Ambush Marketings kann daher als ein Wettbewerbsinstrument betrachtet werden, welches die Monopolstellung von einigen Unternehmen nicht akzeptiert und sich dagegen wehrt. Natürlich auch, um einen eigenen Anteil der Aufmerksamkeit für sich zu gewinnen. Solange rechtliche Regularien eingehalten werden, oder die Ambusher sich zumindest in einer rechtlichen Grauzone bewegen, ist es ein gelungenes Kommunikationsinstrument, welches auch in Zukunft für viel Aufmerksamkeit sorgen kann und wird. Ein Grund ist auch die Aufmerksamkeit der Zuschauer, die sich mit den Jahren weiterentwickelt. Sie nehmen Sport-Sponsoring zwar wahr, aber Aufmerksamkeit erreichen eher die, die was wagen und das sind meist die Ambusher. Die Beispiele der Fußball-Weltmeisterschaft 2006 und die Forschungsergebnisse von Nufer zeigen, dass es den Konsumenten (noch) nicht stört und ihn aktuell nicht interessiert, wer offizieller und wer kein Sponsor der Veranstaltung ist.

11. Literaturverzeichnis

Bühler, Andreas/ Nufer, Gerd (2013): Marketing im Sport. Grundlagen und Trends des modernen Sportmarketings. Berlin: Erich Schmidt Verlag GmbH & Co. KG.

Bruhn, Manfred (2016): Marketing. Grundlagen für Studium und Praxis. Wiesbaden: Springer Gabler.

Eschenbach, Florian (2011): Erfolgsfaktoren des Ambush-Marketing. Eine theoretische und empirische Analyse am Beispiel der Fußball-Europameisterschaft 2008. Wiesbaden: Springer Gabler.

Freyer, Walter (2011): Sport Marketing. Modernes Marketing-Management für die Sportwissenschaft. Berlin: Erich Schmidt Verlag GmbH & Co. KG.

Nufer, Gerd (2014) Heimliches Marketing bei der Fußball-WM. Beer-Babes und Lederhosen! Werbe-Attacke aus dem Hinterhalt In: Fokus-Online vom 30.05.2014 http://www.focus.de/sport/experten/nufer/heimliches-marketing-bei-der-fussball-wm-beer-babes-und-lederhosen-die-wm-werbe-attacke-aus-dem-hinterhalt_id_3875968.html (15.03.2017)

Risch-Kerst, Mandy (2016): Ambush Marketing und Markenschutz. Die Eventmarketingmarke als Abwehrmittel gegen Nicht-Sponsoren sportlicher Großereignisse. Wiesbaden: Springer Gabler.

Ruda, Walter/ Klug, Frauke (2010): Sport-Sponsoring. An den Beispielen: FIFA Fußball-WM 2006 in Deutschland und FIFA Fußball-WM 2010 in Südafrika. München: Oldenbourg Wissenschaftsverlag GmbH.

Sachse, Manuela (2010): Negative Kommunikationseffekte von Sponsoring und Ambush-Marketing bei Sportgroßveranstaltungen. Wiesbaden: Springer Gabler.

Schauerte, Thorsten (2007): Was ist Sport in den Medien? Theorie – Befunde – Desiderate. Köln: Sportverlag Strauß.

Trosien, Gerhard (2012): Ökonomie der Sportspiele. Symposiumsband der Jahrestagung 2011. Schorndorf: Hofmann-Verlag.

12. Abbildungsverzeichnis